La Navidad nunca ha existido

El pequeño libro de la nada, que lo es todo

de Andreas Müller

Información legal

Título original: "Weihnachten hat es nie gegeben! Das kleine Buch vom Nichts, das alles ist." Información bibliográfica: la Biblioteca Nacional Alemana (Deutsche Nationalbibliothek) registra esta publicación en la Bibliografía Nacional Alemana. Datos bibliográficos detallados disponibles en www.dnb.de.

Derechos de Autor: 2014 © Andreas Müller

Traducción del alemán: Markus Prummer

Revisión: Huberto Guinea Egea

Diseño de la cubierta: Maren Roloff

Producción y Editorial:

BoD, Books on Demand, Norderstedt

ISBN: 978-3-7392-1031-5

Para

Nikhila, Soham y Tony

Contenido

P: Andreas, siempre sueles decir que no existe ningún mundo, que no hay futuro ni pasado. ¿Significa eso que no habrá Navidad este año?

R: Sí, así es.

P: Qué pena (risas).

R: Sí, realmente es una pena (también se ríe). Claro que puede aparecer algo como "estar sentado aquí y hablar de la Navidad", aunque, desde luego, eso no requiere ni a la Navidad ni a un mañana. En realidad, es aún peor: la Navidad nunca ha existido.

1. Introducción

Estimado lector,

Me encanta que te hayas interesado por este libro, al menos hasta el momento. Lo asombroso es que has comprado un libro que no trata de nada. Pero ten cuidado: no es sólo que no trate de nada sino que trata de la nada. Si estás decepcionado y quieres dejar el libro ya, no te voy a echar la culpa.

Pero si además estás buscando una solución para tu vida, es un placer decepcionarte de nuevo. No se te ofrece ninguna solución aquí. Aun el final aparente del yo no significa la solución que te imaginas, dado que no vas a saber nada de ella. Sin "yo" no queda nada que sostenga y posea, conozca y sepa, incorpore y repela. Sin "yo" queda sólo lo que aparece. Insostenible e incontrolado.

Si la visión clara se revela - aunque, por supuesto, no existe el "ver claramente" - nada sigue como era y todo sigue igual. Incluso si la desaparición aparente de la energía de separación pasa sin ser reconocida, se puede hablar de "ella". Este fue y sigue siendo el caso del autor de este libro. Sin embargo, es importante tener claro que la iluminación, la liberación, la visión clara o como quieras llamarla, no tiene nada que ver con un conocimiento, una comprensión, un reconocimiento o una visión personal que 'uno' puede tener u obtener y sostener a continuación, o para siempre. Hablar es totalmente directo e inmediato, sin instancia intermediaria que lo controle. Sin historia y por lo tanto, sin contexto. Es siempre, pero siempre nuevo. Atemporal, tiene lugar fuera del tiempo y del espacio, y en ningún caso hay alguien que lo *tenga*.

En las siguientes páginas encontrarás indicaciones y descripciones de algo de lo que yo no sé absolutamente nada, pero también de algo que me ha capturado y extinguido misteriosamente. En última instancia, desconozco por qué se escriben estas líneas. Pero al escribirlas, al menos para mí, se siente una alegría fina y maravillosa.

[Nota del traductor: en la traducción de este texto se utiliza el masculino como forma genérica del lenguaje. Sin embargo, se dirige a todos y todas por igual.]

"No estoy muerto. No tengo otra vida. No soy 'sólo conciencia'. Yo no soy. No se puede hablar de mí, ni estoy 'liberado'. Yo no estoy 'iluminado', nunca."
- Ribhu
Ribhu Gita (1), 19.36 (2)

No hay Gurú, ningún discípulo, nada fijo, nada bueno o malo, ninguna transición a la forma, ninguna forma separada, no hay liberación y tampoco esclavitud.
- Ribhu
Ribhu Gita, 22.7 (3)

2. El juego comienza

¿Te imaginas una vida sin propósito? ¿Una vida sin un fin y sin un sentido? ¿Rellena por un vacío completo? ¿Una vida sin verdad y sin moralidad?

Si tu respuesta es "sí", te felicito, porque ya vives tal vida, aunque no lo creas. Para ser más exacto, no vives tal vida sino que la falta de metas y la falta de sentido son la realidad. Uno podría definir estas características como atributos de la vida, de la vitalidad en si. Todas las cosas y los procesos son fenómenos, que en si mismos están vacíos y carecen de esencia verdadera y sustantiva. No has notado tu propia vaciedad y la de las cosas y los procesos porque probablemente hasta ahora (¿todavía?) te consideras existente. Sí, probablemente piensas, de manera extraña, que existes y vamos a hablar sobre ello en seguida. Te consideras, como la mayoría de las personas aparentes en este mundo aparente, como un ser humano autónomo, autodeterminado y con libre albedrío. Es esta persona, que de hecho sólo existe aparentemente, la que atribuye un significado aparente a los acontecimientos que considera que representan su vida. En realidad, todo lo que aparece y no aparece, e incluso el acto de aparecer mismo, pasa sin ningún contexto y, sobre todo, sin tú intervención. Esto suena extraño a primera vista... y a segunda también.

De esta manera, "sin tu intervención", te enfrentas ya al comienzo del libro con un mensaje inimaginable, tal vez con una nueva forma de ser. Es decir, ¡tú no existes! Este mensaje puede causar más malentendidos que aprobación y bienestar, sobre todo porque "tú" has sido el centro de tu vida hasta ahora. Pero sí, se puede decir:

¡Tú, o la persona que has creído ser hasta hoy, no existes! Sí, de verdad, ¡tú no existes!

El dilema es que un ser aparente, que se percibe como separado, no puede comprender o experimentar esto. Cuanto más intentas entender o experimentar ESTO, más te sentirás separado de ESTO. Tal vez seas capaz de experimentar esto en el transcurso del libro. Tal vez no. Otra vez: ¡no vas a comprender el hecho de que no existes! ¿Cómo puede algo que sólo existe aparentemente convencerse, a través de la fe, del entendimiento o del reconocimiento, de que no existe? Es simplemente imposible.

3. Ninguna respuesta

En este respecto, ¡no hay respuesta a la cuestión de tu existencia! Y si sólo existiera esta pregunta aislada - la cuestión de ti mismo, o para decirlo de otra manera, si sólo existiera el grito de ayuda del yo aparente para unirse con el todo - no habría respuesta. No existe ninguna voz omnipotente que anuncie la verdad sino simplemente nada, el silencio, la pausa... Si obtuvieras cualquier otra respuesta, sería una frase contada por la razón, que no sacia el deseo de alcanzar la unidad. Bueno, quizás te deleites algunos momentos con el trance del conocimiento intelectual de "la verdad" - =) - pero al final esto te deja más insatisfecho que antes. Y siempre vuelve a aparecer una nueva pregunta, o la necesidad de confirmar de nuevo la anterior. La mente no sabe hacer nada más que confirmar la verdad creída ciegamente para sofocar la duda que aumenta casi simultáneamente. Mantras tan maravillosos como "Somos Uno", "Yo soy Dios", "Todo es conciencia", "Todos estamos contentos"- tonterías espirituales que hoy se encuentran en cada calendario budista- son los que a la mente le gustan tanto. Sólo se ve claramente cuando el yo separado se toma una pausa y desaparece.

4. ¿Por desgracia?

Por desgracia (?) no puedes contribuir a tu desaparición. Sin embargo, este libro trata de nada menos que de tu muerte. Por supuesto, es imposible que contribuyas a tu propia muerte como hemos dicho, pero ¿por qué deberías hacerlo? ¿Cuál sería el beneficio de tu ausencia? Correcto: nada. Lo que nos lleva al tema... La no-dualidad, por desgracia (?), sólo es posible si 'tú' - la aparente segunda parte - desapareces.

Sí, ¡es así de simple! Y totalmente imposible para ti. Por supuesto, tú no existes en absoluto como eso que crees ser: un ser autónomo en un mundo hecho sólo de cosas reales, contextos, procesos y todo lo demás que puedas diferenciar entre cosas materiales e inmateriales.

5. El mundo

Vamos a la siguiente excursión por una zona de este misterio sin secretos: eso que crees que es el mundo. Lo que tú crees que es real. Tal vez ya te lo imaginas, y sí, tienes razón: el mundo, el universo, todo lo que conoces y así percibes, no existe en el sentido al que estás acostumbrado. Junto a la percepción de ser alguien, aparece también la percepción de un mundo.

Se podría decir que debido a que tú te consideras como 'algo', se proyecta este punto de vista automáticamente a todo lo que aparece. Por consiguiente, se transforma lo que simplemente es y que no puede ser identificado - la unidad - en un mundo de cosas separadas. Se podría decir que a causa de ti, la unidad se divide en el mundo y tú. Te consideras como una cosa, que al parecer es real y, por lo tanto, consideras a todo el resto como cosas separadas, que así también parecen reales. Una pequeña descripción: al leer estas palabras es probable que creas que realmente existen el libro que tienes en tus manos, la cama o el sofá en que te encuentras y el planeta donde crees vivir, etc....

Nunca uno duda de estas cosas. Y, por supuesto, no se te puede culpar por ello, porque simplemente es como lo experimentas: como un mundo de muchas partes distinguidas. Tú, la cama, la silla, la habitación. Todas las cosas, que percibes como si existieran de verdad, y que confías en conocer.

'Sin ti' esto es tan sólo lo que parece ser. Una persona aparente, un espacio aparente, o sea, una habitación, la atmósfera, la lectura aparente, etc. Como sabes, todas estas cosas aparentes son sólo el ser. La unidad, que aparece de esta forma, y esto te incluye a ti.

6. Ninguna-cosa

[Nota del traductor: este término, con un guion uniendo las dos palabras, es una creación propia del autor. Original "Nicht-Etwas"]

Quizás te preguntes, ¿qué es el mundo entonces? Nada, por supuesto, el mundo no es nada. Porque realmente no hay ningún mundo. No hay cosas que existan realmente en el tiempo y en el espacio. La percepción del tiempo y el espacio, la percepción de "algo existente" e incluso la percepción en si misma se deriva de una realidad artificial, de un yo aparentemente separado. 'Sin ti' tan sólo hay lo que aparece. Y esto no es sino ninguna-cosa. Esto es lo único que hay, ninguna-cosa. Bajo ninguna circunstancia es 'algo'. Así que: ningún universo, ningún mundo, ningún "tú", ningún yo y tampoco nada más. Todo es ninguna-cosa que aparece como algo.

7. ¿Y tú?

¿Y tú? Sí, claro, lo único que falta es que desaparezcas.... pero bueno... está claro que no hay nadie que pueda desaparecer.

8. Yo - una descripción

"Tú" - o aquello que se refiere a si mismo como "yo" - se describe mejor como una energía. Una energía de separación aparente. No es algo que se desarrolle sólo en la cabeza, ni es la razón, y tampoco un pensamiento. En efecto, el 'yo' no es un pensamiento. Y, aunque en última instancia es solamente una aparición, es mucho más que eso: es la percepción y el sentimiento de ser realmente "alguien". Y eso va más allá de un mero constructo de pensamientos. Es un tipo de energía aparentemente solidificada en el cuerpo. Es un centro artificial. Algo (aparentemente) que vive en la percepción energética de su propio ser esencial. No sólo crees ser alguien. También todas tus sensaciones, tus sentimientos, tus pensamientos se perciben a través de un yo separado. Por ello, debido a que esta instancia - el "yo" - no existe como algo separado, hablo sobre todo del yo aparente. Sin embargo, este tampoco existe. El yo aparente es un fenómeno que, como todo lo demás, simplemente aparece. No como una realidad, es unidad. Ninguna-cosa, no-algo, que aparece como algo. Porque aun si decimos que el yo aparente es una energía, esto no significa que sea una realidad, más bien se trata de una descripción.

9. El mundo del sueño

Ser aparentemente "alguien" significa vivir en su propio mundo, en una especie de realidad artificial. Es el sueño de la separación. Toda tu vida está dentro de una matrix que se compone exclusivamente de la percepción sujeto-objeto. "Aquí estoy yo (en el cuerpo)" y "allí fuera está el mundo, separado de mí." Este sueño consta de la percepción permanente del "yo soy". El yo aparente vive en el tiempo y el espacio, parece tomar decisiones y tener libre albedrío. Su percepción está marcada por 'estar en un camino', por la percepción de causa y efecto, y por la aparente existencia de significado, leyes y verdades. Además, hay una miríada de diferentes historias sobre el mundo, sobre el pasado, el presente y el futuro, hay filosofías sobre la propia historia, la historia del mundo y del universo y, bueno, de hecho, sobre todo. Es la característica más esencial del yo aparente: vivir en historias, porque las historias tienen lugar en el espacio y el tiempo, y son estas historias las que constituyen la realidad del yo aparente. Para el yo aparente, de hecho, no son sólo historias, sino que parecen reales. Así, el yo aparente, durante toda su vida cree saber y conocer lo que pasa. Piensa saber quién es él mismo y quiénes son los demás. Piensa saber qué ocurrió en el pasado, que hay un mundo y cómo funciona este mundo. Parece que te fijas en todo lo que pasa a través del filtro de esta realidad artificial. ¡Y justamente esto es lo insatisfactorio!

10. La realidad

Lo que es real, es esto. Lo que es. Pero no es

algo, es ninguna-cosa.

Lo que es real, no viene y no se va.

Lo que es real, no es siempre. ¡Es! Y no lo es.

Lo que es real, es absoluto, es esto. Lo que es.

Nada más.

No hay otra cosa que esto, lo que es.

Lo que es real, es real e irreal, una aparición.

Lo que aparece es todo, sin separación, es

ESTO.

Lo que aparece no es un sueño, es parecido a

un sueño.

Lo que aparece no es una ilusión. ¡Es! Y no es.

Lo que aparece es el milagro del ser, que aunque es ninguna-cosa, aparece como todo. Atemporal, sin límites, ni rígido ni flexible, ni vivo ni muerto.

La realidad es una maravilla atemporal.

11. La búsqueda

La separación aparente significa la expulsión del paraíso. En cuánto 'tú' eres, empieza la búsqueda. Así es. No hay ninguna conexión entre la realidad y el mundo del sueño. La percepción de la separación no puede terminar o ser resuelta por parte de aquello que se percibe como separado, porque no hay nadie allí. La única función del yo aparente es la de percibirse a sí mismo como "yo". Es todo lo que hace. Por tanto, mientras que existes 'tú' aparentemente, sigue la separación aparente. Una vez que hay separación aparente, hay vida en el mundo del sueño. Vivir en el mundo del sueño no es satisfactorio y entonces comienza la búsqueda.

La percepción de la separación aparente puede variar. Por lo tanto, la búsqueda aparente puede ocurrir de forma inadvertida o inconsciente, puede ser muy sutil o causar una desesperación profunda para el buscador aparente. Y, sin embargo, a todo tipo de búsqueda va unida la percepción de que lo que aparece no sea todo, que falte algo, que sea aparentemente insuficiente e imperfecto.

Cada búsqueda proviene de la percepción de la separación. No hay "yo" que no esté buscando. Ser "yo" significa buscar, ya sea el dinero, la paz o la iluminación. ¡Es lo único para el yo!

12. El drama

El yo aparente cree que es real. En efecto, en realidad cree estar vivo y tener una vida. Se siente tras el volante y teniendo que "hacer" la vida. Tiene mucho miedo de no ser, de morir, de desaparecer. Por eso piensa que tiene que sobrevivir. Esta es la situación del yo aparente: la lucha eterna y desnuda por la supervivencia. En el mundo, en la sociedad, en la familia, en todas partes. Aunque su deseo es muy simple. Quiere ser. Sólo ser.

Vivir, tener una vida, tener que sobrevivir. ¡Este es el drama!

Ya sabes, es así de simple: nadie vive aquí. Nadie tiene una vida. Es tan... ay... tan delicioso. Nunca naciste y nunca morirás. Nunca has vivido.

13. La vergüenza

No es una vergüenza experimentarse como "alguien". Es lo que aparece. Nadie hace eso. Es la unidad que aparece de esta forma. Sólo hay unidad. Así que cálmate: no es tu culpa. No has metido la pata. Ni existes "tú". También la separación aparente es lo que aparece; es la unidad, que aparece de esta forma. Completamente impersonal y hecha por nadie. No es tu culpa que todavía seas. Nadie es responsable. Simplemente es así... aparentemente.

Es asombroso. Lo que aparece, sólo aparece. Sin meta y sin sentido. Lo que aparece no tiene ninguna intención. La unidad no tiene ninguna razón para no aparecer como separación aparente. Porque sólo hay unidad. No va a ninguna parte. No se mueve en el tiempo. No hay movimiento en el espacio. Es ESTO.

14. Los caminos

Ninguna práctica espiritual aparente conduce al final del yo. Nunca ha existido alguien que decidiera empezar con una práctica espiritual. Tampoco nadie ha decidido poner a Dios en primer lugar en su vida o entregarse a ESTO. Desde la perspectiva (igualmente ficticia) de la unidad están circulando las ideas más locas sobre términos y condiciones para realizar lo que ya es: purificarse, ser más auténtico, desear la unidad más intensamente, ser más humilde, ser más vulnerable, más abierto o más indiferente hacia el progreso espiritual. Mientras que estás en el círculo eterno de las condiciones, estás en el mundo del yo aparente. Sin embargo, quiero llamar tu atención de nuevo sobre el hecho de que, de todas formas, no existes. Es decir, si quieres ser más vulnerable para encontrar "esto", o si quieres ser más auténtico para luego convertirte en "esto", no hay alternativa. Como ya se ha mencionado, estar en un camino espiritual aparente es lo que ocurre al parecer. Es la unidad absoluta. Ya es ESTO.

A pesar de todo: no puedes escapar de ESTO, no importa cuántas postraciones vayas realizar aún. Ninguna de estas postraciones te va a llevar más cerca a tu objetivo, porque cada postración ya es lo que estás buscando. Y sí, sé que no hay nadie que haga eso, pero es así: te separas aparentemente de lo que pasa, y dejas de saborear el "ser-así", el "ya-ser-así-sin-razón" de cada postración. Nada sabe tan delicioso como esto, que aparece como cualquier cosa. Pero claro, ya lo habrás adivinado, es infinitamente delicioso para ¡nadie!

¡El fin aparente del yo es posible! O aún mejor, no hay ningún "yo".

15. La conciencia - la primera separación

"La conciencia es una acción de relaciones públicas del cerebro, para que creas que tienes algo que decir" - Allan Snyder (investigador del cerebro) (4)

Una vez que eres consciente de ti mismo, ya es demasiado tarde. "Yo soy" ya es demasiado. Ya estás allí, de golpe. ¡Tú te experimentas a ti mismo! - como algo, como algo propio. ¿No es interesante? Este pequeño movimiento aparente, esta pequeña aparición, es la semilla de todo el mundo. Aquí comienza el juego "del yo y del tú", del mundo y del universo, del Big Bang y de la creación. Este algo aparente ya no se llama más "yo", parece más como un algo impersonal que no se deja localizar, una instancia, un observador silencioso... Esta conciencia con la que nos identificamos quizás es la semilla de la separación. No hay ningún observador aquí que lo vea todo.

16. La conciencia 2 - "yo soy"

Lo que aparece no tiene nada que ver con la conciencia. En cuanto haya una percepción o un conocimiento de uno mismo - "soy consciente de mi mismo" - ya hay separación aparente. Uno no puede tener conciencia de la unidad. Para ello, necesitaríamos algo que estuviera separado de la unidad, es decir, de lo que aparece. ¡Pero no hay nada! Incluso la sensación de "yo soy", que muchos describen, no tiene nada que ver con esto, porque "yo soy" obviamente es separación aparente. La conciencia o 'el ser consciente de algo' no son más que historias dentro de la experiencia personal.

17. El fin

Por supuesto, tu pensamiento racional puede tratar de aceptar un concepto de 'sólo hay esto' de alguna forma bastante superficial. Pero para tu razón este 'sólo hay esto' es imposible de penetrar o entender. No sabe vivir en la percepción de 'esto'. Si la instancia pudiera percibir lo que aparece, se separaría del todo - con el fin de percibirlo. Debido a que no existe nada fuera de lo que aparece, nadie puede percibirlo.

¿Te das cuenta? Aquí se habla de tu fin. El fin de los conocimientos, el fin de la percepción, el fin del ser propio.

Sólo cuando tú seas eliminado se llega al final. Vas a ser nada... ¡y todo!

18. El fin 2

"Es el fin, mi único amigo, el fin."
- Jim Morrison, The Doors (5)

La muerte viene como viene: de pronto, inesperada, silenciosamente, violentamente, con una agonía larga... No hay condiciones, no hay reglas. El "yo" va a morir su muerte específica. Y después - ¡vaya sorpresa! - nunca ha habido alli algo que haya vivido y haya muerto.

A pesar de ello, si hay agonía, raras veces pasa sin una buena dosis de drama. Como ya he dicho, el yo aparente tiene mucho que perder. Ser o no ser, la vida o la muerte. Y de repente es tan claro. Nunca, nunca estuvo el pequeño yo allí.

19. El yo inexistente o "el eslabón perdido"

1. Las preguntas:

¿Estás buscando una pieza que falte, el eslabón perdido? ¿Tienes casi todo lo que necesitas, pero sólo casi? ¿Sólo faltan muy pocas piezas del rompecabezas? ¿Estás muy cerca de ver el cuadro completo?

2. Las respuestas:

No hay eslabón perdido. Tampoco existe el yo, y mucho menos el yo aparente. Son todas descripciones de lo indescriptible. ¿Hablamos del yo aparente? Es una aparición. Es imposible retener sus aspectos. Es imposible entender algo que no existe. Es imposible ver a través de algo que no es transparente. Nadie te engaña. Tú eres el truco.

20. La alegría

Lo que era imperfecto antes, ¡ahora es completo!
Lo que antes era de dos, ahora es uno.
Lo que es, ahora es todo.

Por supuesto, hay alegría, pero no es alegría a causa de alguna cosa. Es la alegría de la perfección, la alegría de la vitalidad. Nada que uno podría poseer ...

21. Antes y después

No hay antes y después. Esto sólo son historias. ¡Sólo hay lo que aparece! Al hablar de "sólo hay lo que aparece", no queda espacio para "un antes y un después". No hay movimiento en el tiempo, nadie que sea o no sea. Toda esta cosa de la iluminación es una broma gigante. No pienses que deberías hacer algo, incluso si esto fuera sólo desaparecer. No tiene nada que ver contigo.

22. No conseguirás nada aquí

La liberación y la libertad no son experimentables, son impersonales y son inseparables de tu propia extinción. Todo es perfección, haya un yo o no haya un yo, independiente de tu juicio. "Tú" - el yo aparentemente separado - eres la experiencia de la separación. No es que 'tú' hagas o tengas la experiencia de la separación - ¡"TÚ" ERES LA SEPARACIÓN! Esto significa que si la iluminación esperada ocurriera de verdad "tú" no te darías cuenta de nada (hay que destacar que nunca va a pasar, que no existe, sino que más bien es una idea dentro de la historia de tu "yo"). Pero si uno realmente quisiera entrar a fondo a los acontecimientos de su propia historia, podríamos hablar de algo que se elimina. Bueno, hay que subrayar que esta expresión, 'algo se elimina', también es muy cuestionable: ¿Cómo podría desaparecer algo que no existe de verdad? Ya lo sabes, la separación aparente del individuo del todo sólo ocurre/ocurrió aparentemente, sólo existe/existió (=)) desde la perspectiva de lo que existe aparentemente separado.

Con la perfección me refiero a "lo que es, pero no es ninguna-cosa". La inmediatez atemporal de no-experimentar el mundo y a sí mismo. "Estar sentado", "acostado", "la respiración", "la lectura", tal vez experimentar algunas emociones, lo que sea... todo esto es/sucede/aparece sin tu voluntad, sin tu intervención y también es/sucede/aparece sin tu existencia. ¿No es brillante?

La perfección no es un asunto. Es mucho más que eso. Ya es. Es. Todo lo que hay. Incluyendo a tu yo aparentemente separado, tus pequeñas y grandes preocupaciones, tus pensamientos, miedos y placeres. Todo esto puede ocurrir, y de hecho, ocurre. Pero nunca como algo separado. ¿Separado de qué? De nada, simplemente de nada. De la nada, que lo es todo.

23. En el camino

Uno de los hábitos del yo que busca (espiritualmente) es valorar e investigar todo lo que sucede en su camino (espiritual) en relación a la propia progresión. Cada detalle de la experiencia se mide y se clasifica para luego condenarlo u juzgarlo. Así es, el yo aparente está constantemente comprobando, nombrando y clasificando, con el deseo de examinar y conocer el valor de las cosas. Ya ves, no tiene mucho que ver con esa vida de amor que muchos (incluyendo los buscadores espirituales) se imaginan vivir con una ingenuidad linda pero también repugnante. Con la mirada fría uno examina todo, absolutamente todo - incluyendose a sí mismo - para saber qué vale. ¡El beneficio es importante!

Lo que aparece, aparece sin razón y sin sentido, no viene de ningún sitio y no va a ningún lugar. El yo aparentemente separado ignora por completo que no hay nadie aquí y que no hay nada separado o diferente. Constantemente vive con el peso del juicio.

24. También es amor

Sin embargo, precisamente este peso aparente que supone 'ser alguien' también es amor. Amor incondicional. Este amor - todavía se trata de eso que lo es todo y nada a la vez - no te lo puedes imaginar y por desgracia (?), no puedes experimentarlo, ni encontrar un acceso a él, porque aunque tú eres este amor, aparece más allá de ti. Todo lo que aparece es amor, el amor en el sentido de que todo lo que aparece es de carácter absoluto y no puede ser puesto en duda (aunque desde luego, el sabelotodo y el escéptico eterno no van a estar de acuerdo). 'Ser' es tan maravillosamente perfecto que se le puede llamar amor aunque, como ya se ha mencionado, se presente en todo tipo de formas. Desde la mueca más terrible y espantosa hasta la pureza completamente inocente, todo es posible. ¡Qué milagro!

25. ¡Empezar a vivir!

El 'yo' aparente vive con una especie de esperanza superpuesta, una creencia de que debe alcanzar una meta ya o en algún momento. Así que el yo aparente cree en una fecha X en el futuro donde "todo estará bien". O vive con la idea permanente de que el futuro convierta todo en algo mejor, o en que el futuro sea mejor que el ahora. Este 'todo mejor' se refiere principalmente a un estado, ¿cómo decirlo? de ser feliz. A menudo es más bien una imagen difusa o una idea de cómo uno se debería sentir cuando "todo esté bien". Esto le gustaba mucho a Andreas cuando estaba relativamente seguro de que esta fecha X llegaría a tiempo. Y se sentía desgraciado cuando dudaba de que esa fecha X llegara. Él sufrió, al menos aparentemente.

La imagen que tienes de la inventada fecha X en el futuro puede ser distinta, por supuesto. Las condiciones necesarias para ser capaz de llegar a, finalmente, sentarte y disfrutar varían bastante. Por ejemplo, el momento de finalizar la casa, al terminar las horas de oficina, cuando se pacifique la familia, o cuando finalmente seas un ser iluminado (a ver, esto no. Ya hemos hablado de esto, la iluminación no funciona...).

¿Te digo algo? Esta fecha X en la que todo, pero absolutamente todo, estará bien, no va a suceder nunca. Simplemente no existe. Mientras que "tú" estás aquí aparentemente, te vas a percibir como "tú" y vas a buscar.

26. La iluminación

Si estás buscando la iluminación, estas líneas son para ti: la iluminación o eso que supones que existe, que te espera y te va a hacer feliz en el futuro, no existe. La iluminación se utiliza a menudo para designar a un estado en el que 'todo está bien'. Todas las ideas positivas y esperanzas que tienes de ti mismo, del mundo y de la vida pueden ser proyectadas en este estado ficticio del futuro. Así que la iluminación podría ser sinónimo de esta fecha X inventada. Pertenece a un futuro aparente (que no existe) en el que tú (o tu vida aparente) serás de un modo que por fin te permita ser feliz. Por ejemplo, cuando finalmente consigas convertirte en el hombre cariñoso y atento que querías ser desde tu búsqueda espiritual. La iluminación es una idea dentro de tu historia personal. La idea de un evento de este tipo desaparece una vez que tú desaparezcas. En caso de que quieras llamar al aparente momento de tu desaparición "iluminación", te recuerdo que no sabrás nada de tu ausencia. Porque ya no existirás entonces.

27. El sentido de todo

¿Hay algo más sin sentido que eso que comúnmente se llama "creación"? Me refiero al verdadero sentido de la palabra: es inútil, sin sentido, sin profundidad, sin esencia (de base), sin contenido, sin meta y sin historia, y sobre todo, sin significado. El 'sentido' es, por desgracia, un producto de la mente. Estoy seguro de que tú les das a todas las cosas posibles y a los acontecimientos aparentes en tu vida algún sentido. Pero no te preocupes. Lo haces porque "tú" estás aquí, o sea porque crees estar aquí, pero no porque realmente haya algún sentido en las cosas o procesos. Sin embargo, hay que decir que tú - es decir, el yo aparente - tienes toda la libertad para construir un sentido, ver este sentido reflejado en todo y dejártelo confirmar milagrosamente en la vida. En cuanto esta 'energía del yo' comience a derrumbarse, estas ideas ya no son sostenibles. Verás como toda la existencia, y aún más, la totalidad de la existencia y de la no-existencia - es decir, realmente todo - se disuelve en la falta de sentido. Pero también te darás cuenta de que como esto ocurre durante tu propia desaparición, ¡ya no te molestará! =)

¡Sólo hay esto!

¡¡ESTO - ESTO - ESTO y siempre sólo ESTO!!

28. ¡Sólo ESTO!

Sólo hay lo que aparece.

Tan fácil, tan simple, tan natural, tan simplemente lo que es.

Para el "yo" inalcanzable, inaccesible, ¡sólo esto!

Cada atributo, cada pequeño trozo de conocimiento aparente, ya está equivocado.

Lo que es al parecer, es sólo lo que es al parecer. Es tan simple, tan fácil. No hay nada detrás, ningún secreto, ningún misterio. No hay nada para comprender. El ser puro en todos los colores. Tanto la luz más brillante como la más profunda oscuridad; pero principalmente los tonos de gris, todos los tonos ilimitados de gris. Se reúnen, rellenando la vida con vitalidad de colores brillantes. **¡Lo ordinario es lo absoluto!**

Todos los tonos. Lo que habitualmente se conoce como ordinario es ESTO, es ESTO, ¡ESTO! La búsqueda eterna de la perfección. El "yo" - el separador - ciego a la unidad, a esto que es atemporal, es el buscador que sólo vive aparentemente, que sólo es y sufre aparentemente, que vive y muere.

Sólo hay lo que aparentemente es.

29. Siempre todo bien.

¿Qué es todo esto? Es increíble como el yo aparente se crea tanta presión de vivir la vida perfecta. Quiere erradicar todas las experiencias aparentemente desagradables, hasta que sólo queden el amor y la alegría aparentes. Eso es lo fatal: el "yo" no se da cuenta del carácter absoluto y total de lo que es. Es tan absoluto que los detalles como bueno o malo, agradable o desagradable no tienen lugar. No se trata de fluir con las cosas en dulce armonía. Sólo hay unidad. Todo, sí, todo lo que aparece es ESTO. No hace falta ver en todo sólo paz y amor. ¡Se trata de nada! Sólo existe el amor. El así-ser. En toda su dureza, su sutileza cruda, su desnudez. Nada "sagrado", nada "bueno", nada "malo", nada "consciente" y nada "inconsciente". ¡Solo ESTO!

Esa es la liberación.

30. La aceptación = La arrogancia

La aceptación es la arrogancia del yo aparente. Sería feliz de aceptar. Le encantaría finalmente aceptar todo, apreciar todo. ¿Sabes qué está haciendo así? ¡Quiere jugar a ser Dios! Como si la unidad - lo que aparece - tuviera que ser aceptada para que apareciera como ya aparece. Lo que aparece es tan absoluto, tan absolutamente todo, tan lleno y vivo, ¡que no requiere ninguna aceptación!

Al yo aparente también se le permite aprender a aceptar - aceptar lo que es - y aún así, sigue siendo una historia, otro método con el cual el yo aparente quiere entrar a la vida aparentemente separada de él.

Desde esta perspectiva, sería mejor la devoción... =) ... jajaja, por supuesto que no.

31. ¿Y la sabiduría?

¡Yo no soy sabio! Esto no tiene nada que ver con la sabiduría. Se logra la sabiduría a través de la experiencia de vida, pero ¡yo no sé nada de la sabiduría!

Yo hice lo que todo el mundo hace: ejercicios, ocuparme de mí, visitar curadores, aliviar bloqueos, sentarme con los maestros, meditar, buscar el yo. Y le di mi mayor esfuerzo. ¿Por qué me pasó "eso" a mí? Ni Idea. Muchos otros aparentes están buscando con la misma intensidad (al menos). No veo ninguna diferencia entre "mi" búsqueda y la búsqueda de los demás.

Lo que pasó no tiene nada que ver conmigo; va mucho más allá de mí, me eliminó y me dejó ser quién y cómo siempre he sido. Lo que pasó no tiene nada que ver con lo que pensaba hacer o dejar de hacer. Eso sería simplemente una mentira.

32. El conocimiento más elevado

Olvídalo tranquilamente. No existe.

33. La madurez

Para 'veteranos':

Si en todos los años de estudiar los libros espirituales y seguir las enseñanzas de varios gurús y maestros se ha generado un tipo de comprensión intelectual de este mensaje radical, no has conseguido nada, por desgracia, aparte de un poco de entendimiento. El yo aparentemente separado se ha creado un concepto del "todo es uno" o del "no hay nadie aquí", se ha hecho una verdad personal más, lo ha integrado todo en su visión del mundo. Pero el colapso de la identidad propia no se ha efectuado.

El "yo" nunca está preparado para esto. ¡Todo el concepto de "madurez" es una broma! Nunca estarás listo para esto. ¡Porque no hay "tú"!

A propósito, yo tampoco estuve nunca preparado.

34. Hace poco en el coche...

El otro día - bueno, en realidad, fuera del tiempo - estaba con una amiga en el coche y hablábamos sobre el futuro. Sobre su futuro, para ser más exacto. Ella pensó en cómo podía planear los seis meses siguientes y me pidió mi opinión, si me gustaba su plan, si me parecía razonable. Tengo que decir que éramos buenos amigos desde hacía muchos años en aquél momento. En general, conocía su situación, al menos lo que se conoce cuando uno pasa mucho tiempo junto a otra persona. Por otro lado, también ella conocía el tema de la "unidad" y de la terminología que yo utilizo en las reuniones. Además, estaba familiarizada con todo tipo de ideas de la corriente moderna espiritual que explica la vida. Debo confesar que no tenía ninguna opinión con respecto a su situación y no sabía nada lo que podría ser bueno o malo para ella. No es que no quisiera pensármelo sino que simplemente no tenía ni idea. Nos imaginamos diferentes escenarios pero sin que una determinada dirección nos gustara. Después de un rato le pregunté qué haría si no tuviera futuro. No sé por qué le hice esa pregunta, ni tenía una respuesta preparada.

Fue simplemente lo que pasó. Sin embargo, me interesaba como respondería a la pregunta y adónde nos llevaría esta conversación. Al principio, ella dijo: "Bueno, si tuviera sólo un año...", "No, no me refiero a esto.", le dije. "Si no hubiera futuro..." preguntó ella, y luego en el mismo aliento, completamente sorprendida e indignada, como si fuera lo más imposible, lo más raro y lo más absurdo que le había ocurrido nunca, dijo "...lo único que haría, ¡sería estar sentada aquí!" Totalmente sorprendido, pero lleno de alegría porque 'estar sentada' - es decir, ser (casi) sin historia - parecía ser la imposibilidad absoluta. Entonces abrí los ojos, puse una mirada irónica y me reí. "Eso sería realmente imposible", dije imitándola, "sólo estar sentado, nada más, ¡no puede ser!" Entonces ella se rió. Unos momentos más tarde, permanecíamos sentados en silencio en el coche, conduciendo en la noche oscura. El tema del futuro se había resuelto (por el momento).

No es que yo no piense nunca en el futuro. Por supuesto, no hay futuro y no hay nadie que haga algo o deje de hacer algo. Los pensamientos sobre el futuro aparente son simplemente parte de todo. Son la unidad, que aparece como 'pensar en el futuro'.

35. Diferente

Podría escribir en mi diario lo siguiente:

Ayer me sentía como una mierda;
después hubo guerra, al final,
reconciliación. ¡Todo bien!

La pregunta verdadera es por qué una persona aparente, después de su liberación aparente, debería ser una persona mejor. Seguramente, es el deseo, pero el fin del yo no tiene nada que ver con algún tipo de santificación del ser humano que lo experimenta. De ningún modo. No hay ninguna razón para cambiar de repente. Todo sigue igual como antes, con la excepción de que todo es nuevo siempre, que todo aparece "de repente". Así que si tú en serio quieres intentar ser una persona mejor, tengo que decepcionarte. Después de que te hayas ido, tus lados malos aparentes aun seguirán surgiendo, incluso más incontrolados que antes. Finalmente, serás como siempre has sido, solamente que más absoluto aparentemente. ¿Siempre has sido un hijo de puta? Entonces, seguirás siendo un hijo de puta, o mejor dicho, ¡más hijo de puta que nunca! La única diferencia puede ser que ya no vas a bloquear el camino para controlarte. ¡Esta es la liberación!

Sabes, la mayor ventaja de vivir sin la percepción de un yo propio es la indiferencia completa hacia todos los fenómenos, incluida hacia uno mismo. Estoy en un estado de ánimo cualquiera, puedo comportarme injustamente, sentirme culpable y pequeño después, y seguir así sucesivamente. Todas estas cosas no tienen significativo, no hay nadie a quién le importen. Y todo lo que importa, importa hasta que no importa. ¿Dónde está el problema? ¿A quién le importa eso? ¿A ti? Sí, podría ocurrir el identificarse también, pero simplemente no hay nadie aquí que pueda identificar o no identificar.

Gracias a Dios no estoy iluminado. Qué tortura debe ser estar (siempre) iluminado. Sería terrible, muy terrible. Por suerte, yo no. Simplemente no hay nadie.

El dilema es que crees (y lo percibes así) que tú eres el comportamiento, las características y, de hecho, la personalidad. No es así. Todas estas cosas aparentes no son cosas, sino sólo 'lo que aparece'. No hay nadie que se comporte de tal o tal manera, que sea así o así, que haga esto o aquello. Es el yo aparente el que piensa que hace o es todas estas cosas. Pero no es nada de eso. En efecto, es nada.

36. Nada detrás

Muchas personas creen que están en una especie de intercambio o relación entre dos personas que existen realmente. Y sí, parece así: la superficie habla, actúa, hace como si hubiera alguien. Realmente parece que hay un "yo". Pero mientras que realmente parece haber alguien en algunos casos, no es así para mí. Simplemente no hay nada detrás. Sólo hay 'lo que aparece', la superficie pura, puro ser, solamente la reflexión.

Así que detrás de todo lo que yo soy, de todo lo que digo o hago, no hay nada. Es simplemente lo que hago o digo, lo que pienso o dejo. Es muy simple y no hecho por nadie.

¡Y es así con toda la gente!

37. Inquietante y sin querer

No te hagas ilusiones: Mientras crees que deseas la "liberación", ¡no has comprendido lo que está en juego! Esto trata de tu fin. Sí, de verdad, de tu fin. ¿Estás dispuesto a perder todo? ¿Incluyéndote a ti mismo?

Si no, no te preocupes tampoco, ¡porque no tienes que hacerlo! ¡Nadie quiere eso! Y nadie puede hacer eso. Ningún "yo" se atrevería a dar este paso. 'Cualquier cosa menos eso.' Lo que queremos es experimentar la iluminación. Qué estúpido sería si viniera el último, el absoluto, y uno no estuviera allí para verlo... sería terrible.

Pero así es. Para que todo finalmente pueda ser todo, tú no debes ser tú.

Pero como ahora tampoco eres, eso no importa. Y no te preocupes por tus miedos y otras expectativas. Como si a la unidad le molestaran tus ideas. Vas a desaparecer de todos modos.

Está permitido que te conviertas en nadie a tu propio modo. ¡Y que seas nadie a tu manera!

38. El tonto divino

Erase una vez un hombre a quien todos llamaban el tonto divino. Algunos pensaban que era sabio, y algunos apreciaban sus enseñanzas sobre la naturaleza ilusoria del yo y del mundo. El tonto mismo no sabía nada de la sabiduría y nada de grandes enseñanzas. Pero un día un hombre sabio fue a verlo. El sabio le dijo al tonto que estaba buscando algo, que le faltaba algo importante para poder enseñar con eficacia. El tonto no sabía de qué hablaba. Trató de explicarse, luchando con las palabras. No era sabio y no conocía ninguna enseñanza. No obstante, el sabio seguía investigando y trató de convencer al tonto. Entonces, el tonto se puso muy triste y le dijo al supuestamente sabio que siguiera.

El tonto cayó en una tristeza profunda. ¿Qué quería el sabio? El tonto veía sólo la perfección en todas partes... Pasaron muchos días hasta que el tonto se dio cuenta de que el sabio no era más que un sabio.

39. La abundancia - una declaración

Cada vez hay más escuelas "espirituales" con sus sermones sobre la abundancia. ¡Crea la abundancia en el exterior! ¡Primero en el interior y luego fuera! Todo está ahí, a disposición, abundante... y todas esas idioteces. Sólo habría que admitirlo. Tienes que examinar tus actitudes hacia el dinero y la riqueza. Dejar creencias, disolver bloqueos - de nuevo esto - y seguir así sucesivamente. Diles eso a los africanos, los asiáticos, los sudamericanos hambrientos... ellos seguramente tendrán otras cuestiones espirituales, tendrán que aprender otras cosas en su camino primero, tal vez eso de morir de hambre. Súper estúpida toda esa historia del Karma... una suerte de la Alemania gorda.

La abundancia, de la cual se trata, ya es. Lo que aparece es tan completo que no le falta absolutamente nada más. Como si fuera relevante el dinero.

El mensaje de la unidad absoluta no es necesariamente la buena noticia que han esperado los millones de buscadores espirituales. ¡La gente hambrienta de África es Dios! Pero eso es un Dios que nadie quiere ver. Esto tampoco va dirigido a nadie pero no son palabras de consuelo. No tienen la menor intención, aunque tienen el poder de destruir ilusiones. El poder de destruir la ilusión de la separación aparente.

Sin comida, probablemente me moriría de hambre, tal vez incluso dolorosamente y con la cara sufrida. ¿Quién estará allí para controlarlo? Nadie. Morir con mucho dolor es unidad absoluta, que aparece como es. Morir dolorosamente, aparentemente.

40. El amor o "no lo veo"

Un comentario. Puede que tengas la impresión de que se te habla en este libro con un cierto desdén. Pero te aseguro de nuevo que esto surge ciertamente de la percepción de ser alguien. Porque yo no te veo. No hay nadie a quien yo hable o escriba. ¡Sólo hay unidad! Sólo esto, lo que aparece. Y casi podría decir que aquí sólo hay amor para ti, pero esto no es muy exacto. Eres mucho más que un objeto que requiere un poco de amor. Tú eres el amor mismo.

Ser sin la percepción de ser alguien, es delicioso y maravilloso, aunque sólo es lo que aparece. Alegría. Comparable con la alegría de un niño que descubre algo que le estaba previamente oculto. Nadie tiene esa alegría, nadie la posee. No es nada en lo que se pueda confiar. Simplemente es. Aparentemente.

41. De qué se trata

Yo todavía no he descubierto de qué se trata. ¿Es la ausencia del ego? ¿La iluminación? ¿Advaita? Me da igual. Todas estas definiciones desaparecieron junto a la percepción de ser alguien. De hecho, todo el proceso de investigar y ocuparse de esto es completamente absurdo e irrelevante para todo el mundo salvo para el yo que aparentemente existe. Lo que me ha sucedido está más allá de todas las palabras que yo (lo que aparece como yo) había usado jamás. Cualquier definición aparente - la iluminación, la liberación, etc. - no dice absolutamente nada, están vacías y son recibidas con un ademán de indiferencia. No tengo ni idea de lo que estoy hablando.

Sin yo, queda la vida sin saber, sin centro, sin la persona que se reconoce a si mismo. Sólo hay lo que está sucediendo aparentemente. No se puede conocer, no se puede nombrar, tan sólo es. Nadie que tenga un lugar, que se encuentre aquí o allí, nadie que conozca cuál es su posición. ¡¡Sólo ESTO!! No hay vida que sea así o así. No hay 'más arriba' o 'más abajo', no hay 'delante' o 'detrás', sólo esto, sólo así como es y como no es. Para nadie. Ningún "yo", ¡sólo esto!

42. La verdad

Nada de lo que está escrito aquí es la verdad. No hay verdad. Así que olvídalo.

Sería bastante bueno si pudieras...

"Porque todo es conciencia, todo siempre es no-existente. Porque todo es de naturaleza no dividida, todo siempre es no-existente."
- Ribhu,
Ribhu Gita, 34.24 (6)

"Eso no existe" no existe, no existe para nada. Incluso las palabras "no existe" no existen. Todo siendo sólo conciencia, todo, de hecho, siempre es no-existente."
- Ribhu,
Ribhu Gita 34.27 (7)

SEGUNDA PARTE

Entrevistas

Las entrevistas son de marzo y julio del 2012.

P: Hola Andreas, ¿cómo ocurrió esa desaparición del yo para ti?

R: No tengo ni idea de cómo ni cuándo pasó esto. Para mí, no ha pasado nada. No experimenté mi fin, porque ¿quién pudiera verlo? E incluso decir, "entonces había 'yo' y entonces no había 'yo'", no sería cierto. Nunca ha estado nadie aquí.

P: ¿Por qué (ya no) aparece esta percepción de 'ser alguien'?

R: Sin razón.

P: ¿Hay una memoria del pasado?

R: Sí y no. Dado que no hay 'anterior', ¿cómo entonces acordarse? No hay y no hubo ningún Andreas para recordarlo ahora. Pero sí, a veces aparece también "recordar algo", pero se ve inmediatamente que 'sucedió sólo en apariencia'.

P: ¿Quién eres tú?

R: Ni idea.

P: ¿Hiciste algo al respecto?

R: ¿Para qué?

P: Bueno, ¿para que no haya nadie ahí ahora?

R: Nunca ha habido nadie aquí.

P: Ya sabes a qué me refiero.

R: De acuerdo. El Andreas aparente hacía mucho para lograr esto - aparentemente. Sólo al parecer. Por supuesto, nadie nunca hizo nada al respecto. Nadie puede desear esto. Nadie podría decidirlo. ¿Quién desea su propio fin realmente? Incluso aquellos que anhelan la muerte, no buscan su fin. Para el yo aparente esto es el infierno, no es en absoluto deseable. Puede ser tan desilusionante y decepcionante, un desencanto que al yo solamente le mantiene vivo la pasión de la aventura pura. Una vez que se ve la chispa en el camino aparente hacia la nada... Pero nunca es el yo el que 've la chispa'. Sólo hay ESTO.

Y ahora en serio: no existe este camino. El fin aparente del yo no es la conclusión exitosa de un camino largo y arduo sino simplemente el final del que tiene la fantasía de estar en algún camino. El énfasis está en 'la fantasía'. Quiero decir que un camino espiritual aparente no es necesario en absoluto. No hay condiciones, ni tampoco causa y efecto.

P: ¿Qué se entiende por "ver"?

R: Cuando hablo de "ver", me refiero a algo para lo que la palabra correspondiente no existe. ¡Cada palabra que uso para esto es engañosa! Claramente como todas las palabras. Sólo que aquí me parece que es particularmente engañosa. No hay nadie que "vea" que todo sólo es aparente. Simplemente es así. No es necesario saber esto y tampoco puede ser conocido. El "ver" y hablar de esto es tan inmediato, tan directo y completamente alejado de lo que el yo aparente entiende como ver, que realmente tendríamos que inventar una nueva palabra. Sin embargo, por supuesto, sólo sería otra palabra que no expresaría nada. Porque incluso este ver es sólo lo que aparece, es decir real e irreal. La unidad, aquello de lo que hablamos, no puede ser conocido o sabido. Ninguna palabra jamás va a describirlo bien.

P: Entonces, ¿por qué estamos hablando de esto?

R: ¿Por qué no? Es tan sólo lo que sucede. Naturalmente, no tiene ningún sentido ni significado. No es nada más que hablar de esto, al parecer, al menos. Sin embargo, algo parece estar detrás de las palabras; las palabras pueden indicar algo, parecen transmitir un mensaje que no tiene nada que ver con el significado vacío de todas las palabras. Por supuesto, eso es una historia (risas). En la historia del Andreas aparente estas palabras se escuchaban con mucho placer. Aunque durante un tiempo se creía que eran importantes.

P: Muchos parecen anhelar esta desaparición. ¿Puedes decir algo al respecto?

R: Como ya he dicho, nadie quiere eso realmente. Si alguien dice, quiero perder mi 'yo', en general no es cierto. Claro, si el yo aparente se siente mal, puede buscar la muerte, pero por la razón de escapar de la intensidad de la situación. Luego ve la muerte como una manera de salir de la desesperación. Pero eso no es de lo que se trata aquí. El yo aparente espera aprovecharse de alguna manera de su desaparición aparente. Es decir, aprovecharse de la solución. Piensa que la desaparición del yo coincide con la solución de sus problemas. En cierto modo, obviamente tiene razón, pero el problema es que al yo aparente le gustaría beneficiarse de ello. Quiere experimentar su ausencia, ¡y eso es imposible! Cuando se dice, "a mí me encantaría tanto desaparecer", ella o él no saben qué desean con esto. Esto realmente es acerca del propio fin. También se podría decir: de tu iluminación - aunque la palabra iluminación es completamente equivocada - no vas a saber nada.

P: ¿Por qué te parece tan mala esa palabra?

R: ¡No hay iluminación! Además, la palabra se usa tanto que ya no sirve. Generalmente, los grupos que creen en la iluminación la tienen como objetivo final de la trayectoria personal. La coronación final del yo. Y esto por supuesto es una tontería. No hay nadie allí: esto se revela en este fin aparente.

P: ¿Para quién es relevado?

R: Para nadie.

P: Lo estás afirmando así de fácil. ¿Quién es este nadie?

R: Simplemente nadie. No se puede comprender esto. El yo aparente siempre cree en una instancia. Es lo único que conoce.

P: ¿Cómo ves eso de la verdad?

R: La unidad - lo que aparece - está por encima de lo correcto y lo falso y, por lo tanto, también más allá de la verdad. No hay verdad. Lo que se dice aquí tampoco es 'la verdad', sino simplemente lo que está ocurriendo al parecer.

P: ¿No hay verdad?

R: Sí, es muy sencillo. ¿Qué puede ser verdadero o falso? Se podría describir como real e irreal, pero lo 'verdadero' no tiene nada que ver con lo que estamos hablando ahora.

P: Algunos sugieren ejercicios, por ejemplo estar más presente, para tener más atención y demás. ¿Qué significan?

R: ¡No hay nadie! Todas estas cosas tienen lugar dentro de la historia del yo aparente. No tengo ni idea de lo que significan 'ser más atento' o 'estar más presente'. Obviamente son ejercicios para un yo aparente. Pero no hay nadie. De lo que se habla aquí no tiene nada que ver con este yo aparente, podría también decirse que va más allá del yo. Es la arrogancia increíble del yo aparente que cree que todo depende de él. Es una tontería. Todo funciona muy bien sin 'yo'. Y de hecho ya es así. Todo funciona, o es de alguna manera, al menos aparentemente, no hay nadie. Nadie ha sido nunca y nadie ha hecho nunca. El yo aparente siempre llega un poco tarde.

Piensa "yo soy unidad" y ya lo es, desde hace mucho tiempo.

P: ¿Y la auto-investigación?

R: Es lo mismo con la auto-investigación. Tal vez sucede - en apariencia - pero simplemente no hay nadie que pueda operar la auto-investigación. Se supone que hay alguien en primer lugar que puede investigarse a si mismo, sólo para descubrir que no existe. Es absurdo. La auto-investigación incluso puede ser atractiva para el yo aparente, ya que puede crear una especie de separación artificial. Parecido a 'ser el observador'. Si uno va a ser el observador, uno queda aparentemente separado de lo que está sucediendo. Es muy intenso, puede ser más agradable para el yo aparente si la separación adicional disminuye la intensidad de los eventos y le permite, por ejemplo, enfriar las emociones. Puede suceder que el observador se divide tanto que surge una neutralidad muy fuerte, que entonces es falsamente percibida como la iluminación, o al menos como un estado 'espiritualmente avanzado'. Al preguntar constantemente "¿quién soy yo?" con la auto-investigación - naturalmente, sobre todo en situaciones difíciles para el yo aparente - se puede establecer esta separación. "Ay, no soy esto, no soy esta intensidad, sino otra cosa... Yo estoy aquí y eso lo que está sucediendo está allí..." y ya se produce la separación. De lo que se habla aquí no tiene nada que ver con la separación o alguna forma de neutralidad que alguien experimente. Sólo hay lo que está sucediendo y lo que está sucediendo es todo: de modo que no hay nadie que se separe de esto, sino 100% vitalidad, 100% esto, lo que está sucediendo. La alegría, el dolor, la ira, la tristeza - ¡simplemente todo!

P: ¿Qué te parece la declaración, "todos estamos iluminados ya"?

R: No me gusta. Porque no hay nadie. Sí, sólo hay unidad, pero es totalmente impersonal. Cada uno/a que cree ser, vive en la separación aparente y, por lo tanto, se percibe como algo independiente, algo separado, y está buscando la unidad. Uno podría decir: sólo nadie está iluminado, pero estos son juegos de palabras. Otra vez esto de estar iluminado...

P: Y si te visito y te digo, "quiero alcanzar la iluminación".

R: Entonces digo: ¡ese es el problema! No hay nadie aquí y no existe la iluminación. Toda la frase ya es una broma en sí. Así que olvídalo. E incluso esto ya es demasiado. ¿Quién podría olvidarlo?

P: Muchas veces dices, "no hay nadie". Te repites muy a menudo con esto.

R: Sí, es correcto (*risas*).

P: ¿Qué significa?

R: Es curioso, porque ahora esta frase ya también me parece pobre. Más adecuado sería decir 'hay lo que aparece', porque esta frase se establece por completo fuera del 'yo' y del 'no-yo'. Esa es la dificultad de la formulación 'no hay nadie aquí'. No se trata de una oposición como 'hay alguien aquí' y 'no hay nadie allí', o como he dicho, de algún 'yo' o 'no-yo'. Sólo hay unidad. Básicamente, 'yo' y 'no-yo' no desempeñan ningún papel, ¡porque no hay nadie! *(risas)* Cuando piensas que realmente existe algo, que debería desaparecer, disolverse, descomponerse ya se hace una historia de dualidad. 'No hay nadie' se refiere a algo que está más allá de 'ser alguien' o 'ser no-alguien'. Pero sólo muy pocos lo entienden. También hay maestros de satsang [Nota del traductor: satsang se refiere a reuniones espirituales entre un Gurú y sus discípulos] que me pidieron, bueno, más bien me acusaron de que yo hablara demasiado de 'no-alguien'. Puede ser que a veces parezca así en las conversaciones, pero en realidad no es lo que se dice. El mensaje de unidad absoluta está más allá del 'yo' y del 'no-yo'. También se podría decir que el 'yo' sólo aparentemente es un 'yo'. Es real e irreal, sólo una apariencia. Pero de ninguna manera es algo que exista como una cosa real de verdad, como una cosa con su propia esencia Es, como todo lo demás, un fenómeno. No hay que olvidar que el yo aparente siempre ve las cosas desde su perspectiva. Y este punto de vista es dual.

P: Hablando de los maestros de satsang, ¿qué opinas sobre el hecho de que haya cada vez más satsangs en todas partes y más maestros de satsang? Para muchos, tú también eres uno de estos muchos despiertos recién emergidos.

R: Bueno, mucho de lo que se ofrece hoy en día con la etiqueta 'Satsang', 'Advaita' y 'No-Dualidad' no tiene nada en común con lo que se dice aquí. Esto no tiene nada que ver con la iluminación o la espiritualidad. Ni siquiera con el llegar al aquí y al ahora. Se trata de nada. Esto es lo que hace la diferencia.

P: *¿Piensas que sólo está permitido dar satsang cuando uno está despierto? Quiero decir, cualquiera podría sentarse y decir estas palabras. Y esto no tiene mérito.*

R: Creo que algunos hacen eso.

P: *¿Qué quieres decir?*

R: Bueno, obviamente, eso es lo que sucede al parecer. Hay maestros de satsang - dicho sea de paso que mis conversaciones se llaman OnenessTalks =) (Nota: discursos de la unidad) - que obviamente se experimentan como alguien. En sus eventos se presupone que hay alguien que puede encontrar algo. A veces es muy sutil.

P: ¿Y dices que hay diferencia entre si lo dice aparentemente 'alguien' o aparentemente nadie?

R: Sí, por supuesto. La diferencia es energética. Si lo dice "alguien" no podría ser sin intención. Esta intención puede ser muy positiva, por ejemplo ayudar a alguien salir de la ilusión o reducir su sufrimiento personal. No quiero insinuar que la gran mayoría tenga intenciones malignas. Normalmente son personas muy honestas y sinceras, pero toda la dinámica que ocurre aquí, es decir, el choque de aparentemente algo con ninguna-cosa no tiene lugar en dichas reuniones. Así que son eventos totalmente diferentes.

P: Así que sería más como una lección de filosofía.

R: Sí, así es. Si 'alguien' tiene un mensaje no-dual, es una lección de filosofía. Aunque esto suele ser muy evidente y el proveedor en cuestión también lo declara así. Pero lo que ocurre con más frecuencia en este momento es que algunos quieren ofrecer o ya ofrecen satsangs mientras que, en realidad, sólo han experimentado un despertar o varias experiencias de despertar. 'Saben' en cierto modo de lo que están hablando, porque lo han experimentado en la práctica. También saben que no se trata de filosofía y, por tanto, ofrecen técnicas o un camino, donde hay resultados tangibles... Se habla además desde una percepción que aparentemente reconoce una instancia que tiene libre albedrío y, por ejemplo, puede elegir donde va la atención. Conozco alguna gente que juega con la idea de ofrecer satsang o algo similar, aunque al parecer 'alguien' está allí. Tuve un tiempo en el que muchos creían que yo podía hacer eso, pero para mí estaba muy claro que 'yo' seguía ahí. Fue en el período que siguió a mi tercer despertar. Yo lo había visto todo: que no hay nadie, que sólo hay unidad y gran parte de la búsqueda se había disuelto. Estaba relativamente relajado, hacía un montón de yoga y creo que toda mi apariencia era muy espiritual y transparente. Pero aún había 'alguien' que vivía en categorías como "estar en la mente" o "no estar en la mente". Muy sutilmente, aunque aún bastante obvio. Si hubiera tenido la idea de ofrecer algo, hubiera utilizado este lenguaje y al mismo tiempo hubiera enseñado una mezcla de "llegar de la mente al aquí-y-ahora" y de auto-investigación. Este tipo de encuentro aparente, como los que tengo ahora (los OnenessTalks), sólo pueden realizarse cuando el yo aparente ha desaparecido por completo. Y eso es algo radicalmente distinto.

P: ¿Porque se trata de nada?

R: Sí, porque se trata de nada. Lo que aparece, lo es. That's it!

P. ¿Qué es entonces la relación profesor-alumno?

R: En cuanto resuene algo personal, hay un punto de partida para una relación profesor-alumno. Muchos ofrecen un tipo de terapia, y/o creen ser alguien que ha despertado, y creen que lo pueden transmitir o que pueden ayudar a los demás a despertar. Realmente se confía en un proceso y en un 'alguien'. En definitiva, que esto va a alguna parte. Y frecuentemente, todo tiene una gran importancia. No hay nada malo en esto, pero no tiene nada que ver con el mensaje impersonal. No debo y no puedo enseñar nada a nadie. Y ni siquiera ayudar. El otro día hablé con alguien que, como yo lo entendía, quería combinar la no-dualidad con lo personal o, como él lo llamaba, el absoluto con lo relativo. Desde mi punto de vista esto pierde el sentido porque lo personal aparente también es impersonal, es decir, no separado. Uno podría decir, el relativo es el absoluto y al revés. Si dentro de la historia al parecer la gente recibe ayuda es eso lo que sucede - o sea la unidad - pero no tiene nada que ver con este mensaje. Para mí no se trata de ayudar a la gente; no hay nadie que necesite mi ayuda en este sentido o a quien pudiera dar algo.

P: ¿Así que no estamos ayudando a que el mundo se despierte?

R: Por el amor de Dios. No sé lo que significa eso. Para mí, esa es otra historia. Aquel mensaje se envasa en una nueva historia general. "El despertar del mundo" - que significativo, grande e importante suena esto. El yo aparente renace aquí verdaderamente. Para mí, es realmente un sinsentido.

Sí, parece que el caos en el mundo aparente se agranda y eso seguramente apunta hacia un mensaje de libertad absoluta. Podría ser una imagen o una metáfora: no hay jerarquía, no hay previsibilidad, al final sólo hay lo que aparece. Punto. Y el resto es historia. Y bueno, en realidad, esto ya es otra historia.

P: ¿Así que no ves que el mundo esté girando hacia una mayor armonía y amor en general?

R: Bueno, cuando hoy miro el mundo aparente, no veo una tendencia hacia más amor ni hacia más despertar. Sin embargo, no veo ningún desarrollo en el sentido contrario tampoco. Sólo hay lo que aparece, y eso puede aparecer como cualquier cosa. Y si ahora miras al mundo aparente, según mi opinión, realmente aparece de todo: desde las más grandes atrocidades y desastres, hasta los momentos más emotivos, actos de caridad y lo que llamamos humanidad. También la liberación aparente parece estar sucediendo. Pero no veo una tendencia aparente, como ya he dicho, excepto tal vez hacia más caos aparente. Incluso si miramos la historia aparente, hay todo tipo de revoluciones y mejoras. Sin embargo, ninguna de ellas ha afectado nunca a la percepción de ser 'alguien' per se. Desde mi punto de vista esto nunca ha cambiado.

Nadie parece darse cuenta de que nada cambia nunca, que detrás de cada historia está la unidad, que nada se lleva a cabo y que no hay ningún movimiento o desarrollo en el tiempo. Es simplemente otra historia del yo aparente que proyecta la felicidad en un futuro. Pero es obvio: ¡Esto ya es la perfección! Y no se lleva a cabo sólo cuando la humanidad aparente despierte.

P: ¿No tienes la impresión de que cada vez más gente se interesa por este tipo de mensaje?

R: Sí, parece ser así. Sin embargo, cada vez somos más y más. Tal vez simplemente hay un 5% de la humanidad interesada en esto. Contando siete mil millones ahora, si que son muchos, pero si aumenta el porcentaje, eso no lo sé.

P: ¿Por qué entonces las conversaciones?

R: No tengo ni idea. Ocurren sin ninguna razón y tan pronto como comience a interpretar algo, que van en alguna dirección, por ejemplo, que las personas que vengan pretendan eliminar su "yo", serían una locura. No tiene nada que ver conmigo y tampoco hay personas que pudieran o tuvieran que liberarse. Y, a pesar de todo, aunque también es una historia, parecen suceder muchas cosas en el contexto de este mensaje. Es muy poderoso. Y si una energía en una búsqueda se encuentra frente a esa nada, puede haber un cambio aparente y enérgico. Por supuesto, es tan impersonal como todo lo demás. Pero, como se ha dicho, esto vuelve a ser otra historia y de ninguna manera la verdad. Del mismo modo, no es una condición. Nadie tiene que escuchar este mensaje, ni tampoco venir a una charla para que esa acción aparente se pueda realizar.

P: ¿Podría decirse que se trata de perder el yo en esas conversaciones?

R: No, realmente se trata de nada. No hay yo, ¿qué se podría perder? Ni siquiera es posible esto, porque simplemente no se lo reconoce aquí. No hay una persona a la que dirigirse para que escuche, para que se de cuenta, para que se elimine. Esto en sí es lo interesante y también la principal diferencia con la mayoría de las 'ofertas'. Este hablar es completamente sin intención. No es para ti, para que tú... ...es impersonal y no tiene ninguna dirección, sino que simplemente es lo que sucede. Es la belleza de estas conversaciones y también, su fuerza.

P: Es otra historia, ¿no?

R: Sí, por supuesto *(risas).* No hay conversaciones, no hay Andreas y tampoco ningún mensaje. Todo esto no existe.

P: ¿Qué quieres decir?

R: Todo esto aparece, pero no existe en el tiempo ni el espacio. No hay tiempo ni espacio.

P: Algunos critican que decir que no hay nada no es suficiente, porque también hay algo.

R: Sí, pero no voy a expresarlo así. Claro, no hay nada, pero tampoco algo. Lo qué hay, al menos aparentemente, no es ninguna-cosa.

De ninguna manera es alguna cosa. Para mí, 'algo' es algo que realmente existe en el tiempo y el espacio. Tal cosa no existe. Sólo hay unidad. Lo que no se puede conocer, porque simplemente no es algo.

P: ¿No tenemos entonces ningún mundo?

R: Sí, por supuesto. No hay mundo.

P: ¿Y qué pasa ahora? Este hablar y escuchar, ¿acaso tampoco existen?

R: Así es, no existen. ¿Dirías que existen? Para el yo aparente son cosas separadas, procesos que cree conocer. Es precisamente esta percepción que separa lo que aparece en cosas identificables. Simplemente no hay hablar o escuchar, no hay ninguna habitación, no hay cuerpos donde viva un yo y que hablen entre ellos. Sí, para el yo aparente realmente parece ser así y también se siente así. Sin yo, es justamente lo que aparece. Ninguna-cosa, que aparece como esto, pero sin ser ninguna-cosa. Y, sorprendentemente, indiviso. Por tanto, no es hablar y escuchar.

P: Eso es trippy. Acabo de experimentar la disolución del mundo.

R: Sí, en el sentido de la palabra. Si se acaba la percepción de ser alguien, se termina la percepción de la separación. Con esto se acaba el mundo como tú lo conoces, y luego queda ESTO. Indivisible. Uno. ¡Es eso!

P: Bueno, vamos a cambiar de tema. ¿Te gustaría contar algo acerca de tu historia?

R: Para ser sincero, no. A las preguntas específicas voy a contestar sin problemas pero siento que mi historia con respecto a este mensaje es completamente irrelevante. Además no sé resumirla bien para escribir un texto fluido. Y con respecto a mi historia hay sobre todo 'no saber': no tengo ni idea de como era. Sí, podría contarte un par de características principales, pero durante cada intento de decir algo inmediatamente colapsa y desaparece todo... La historia es nada, tan sólo es una historia, un cuento de hadas. Y aun esto es real e irreal. De todos modos, aquí nunca ha pasado nada de verdad.

Quién sabe, a lo mejor mejora con el tiempo, quizás así tenga material para un segundo libro *(risas)*.

P: Entonces voy a concretar más: ¿Cómo empezaste con las reuniones? ¿En algún momento dijiste: "Bueno, ahora lo tengo, ahora voy a empezar a dar satsang."?

R: Es difícil de decir. De repente, estaba claro que estaba sucediendo.

P: *¿Qué quieres decir con "estaba claro que estaba sucediendo"? ¿Por qué empezaste con esto?*

R: Por qué empecé, no lo sé. De repente, el sitio web fue diseñado, las primeras fechas se fijaron, y así etcétera. Era tan natural como suceden otras cosas; ir al baño, por ejemplo, o levantarse por la mañana de la cama. Por supuesto, había más alegría y más emoción y también un montón de sorpresa. Es que yo nunca me había imaginado hacer algo así. Además, yo no había tenido ningún evento. Las reuniones comenzaban sin que yo me diera cuenta de la desaparición del yo aparente - y no me doy cuenta hoy. Incluso puede ser que de vez en cuando aún la separación aparentemente estuviera aparentemente allí, cuando estaba claro que las reuniones iban a pasar, pero no lo sé. Cuando miro hacia atrás no hay este tipo de antes y después.

P: *¿A qué te refieres con "no me doy cuenta"?*

R: A que no hay nadie aquí capaz de notar que nadie está aquí. ¡Simplemente no hay nadie! Para algunos, parece ocurrir un evento en el que el yo aparente se disuelve. Entonces, luego dicen, al menos como una historia, que fue aquel día, cuando hice esto o cuando hice aquello. Yo no tuve eso. Simplemente no hubo evento. No lo vi. Y aún hoy, no hay nadie que lo sepa. Las reuniones empezaron simplemente así.

P: ¿Nadie confirmó tu liberación, en el sentido de, "sí, ahora lo tienes"?

R: Sí y no. La página web, las primeras fechas... simplemente sucedieron. Estaba claro que esto iba a pasar entonces, o sea, era justo lo que pasó. No había necesidad de confirmación desde el exterior. Tomo, como una excepción, una expresión basada en la Biblia (aunque sé que esto es muy engañoso): ¡Tiene su "propia autoridad"! No requería y no requiere confirmación, ya sea desde dentro o desde fuera. No requiere confirmación en absoluto, porque no existe la instancia - ni dentro ni fuera - que pudiera confirmarlo. De lo que se habla aquí es lo único naturalmente obvio.

Antes de la primera reunión... no, miento, ya había una entrevista conmigo en internet. En cualquier caso, en algún momento al principio le dije a Tony Parsons, con quien previamente había tenido contactos regulares, de las próximas reuniones y hubo gran estímulo por su parte. Fue muy agradable, pero no fue relevante o decisivo en sí. Un poco más tarde se lo conté a Samarpan y Pari, con quienes igualmente había pasado mucho tiempo, y sus reacciones fueron muy amables también.

P: ¿Dirías que esos fueron tus maestros?

R: En cierto modo, sí, al menos dentro de la historia. Es que yo tengo realmente una historia típica de buscador, con muchos años en satsang. Con Samarpan estuve durante muchos años sobre una base regular en satsang y en aquel momento fui uno de sus devotos más dedicados y determinados. Visité todos los retiros y mientras tanto también les acompañé en viajes. Ya en el primer retiro tuve un despertar, pero sólo me di cuenta mucho más tarde, cuando miré el video donde le informo a Samarpan del despertar. Recibí un nombre espiritual y entré durante muchos años a fondo en el proceso *(risas)*. Al final, tuve un segundo despertar en un retiro en Suiza. Fue un tiempo muy hermoso e intenso.

P: ¿Y Pari y Tony Parsons?
R: A principios de 2009 estuvo claro que el intenso tiempo pasado con Samarpan había terminado. El satsang con Samarpan perdió su atractivo, su importancia. En retrospectiva, fue una cosa bastante orgánica. Durante este tiempo conocí a Tony. Entonces oí algo nuevo otra vez, al parecer. De repente, y eso era obvio, no estaba la persona sino el mensaje en el primer plano para mí. Por primera vez me encontraba emocionalmente sin maestro. Sin instrucciones, sin punto de referencia. Sólo el mensaje estaba allí - y la resonancia. Una semana después de la reunión con Tony tuve otro despertar - esta vez de nuevo en satsang. Entonces gran parte de la búsqueda espiritual se disolvió. De golpe era tan obvio que no hay nadie aquí. Sin embargo, la percepción de ser alguien volvió, aunque de algún modo más débil. Se podría decir así: ¡Yo había despertado! (risas)

Viví con Pari entonces algún tiempo en Corfú y era muy agradable. Aunque para mí aquello no era más una historia típica de maestro-discípulo. En aquel momento, ya estaba muy claro que toda esa cosa de la iluminación y el espíritu no tenía nada que ver conmigo. Yo vivía, disfrutando lo mejor que podía. Pero ahí lo tenemos ya: 'yo', todavía estaba vivo...

Después de Corfú visité repetidamente a Tony para escuchar su mensaje. Pero con muchísima menos frecuencia de a lo que estaba acostumbrado antes, cuando viajé con Samarpan y lo veía casi todas las semanas. Estaba, por así decirlo, relajado con esto. Y como he dicho, nunca consideraba a Tony como un maestro. Porque para mí nunca hubo esta relación y este anhelo fuerte.

P: ¿Y entonces vino la última ola?

R: Sí, parece que vino en algún momento, pero ya no estaba esperándola. Como ya he dicho, sobre la desaparición, es decir, la desaparición aparente, no puedo decir nada.

P: Es una historia bonita. Pero, ¿de verdad dices que todo esto sucedió simplemente así, sin contexto?

R: Desde luego, tan sólo es una historia. Suena bien; se deja contar bien, pero no tiene ningún significado. El primer despertar no tenía nada que ver con Samarpan, el segundo despertar nada con el primero etcétera. No hay y nunca ha habido una persona Andreas, ni Samarpan, ni Tony Parsons. Nunca existieron estos acontecimientos; toda esta historia nunca sucedió. Es sólo una historia. Un cuento de hadas. Incluso esta desaparición aparente es una historia.

P: ¿Qué había antes de la búsqueda espiritual?

R: Uy. Está bien lejos esto. Mi infancia fue bien. Yo diría que fue una infancia hermosa y normal. Sin duda, privilegiada. Había de todo: una casa grande, muchos prados y niños jugando. A menudo nos podíamos ir de vacaciones y tal. Pero también hubo el divorcio de los padres y los traumas habituales. En realidad, nada fuera de lo normal; el trauma normal en cuotas. Luego, en la pubertad comenzó algo así como un cambio fundamental. Me quedé insatisfecho y empecé a tratar las cuestiones importantes de la vida... (risas) En general, podría decirse que entonces se inició la búsqueda (evidente). Tomé drogas durante un tiempo y me convertí en la oveja negra. Iba tan loco que no era normal, pero tampoco tanto como para terminar completamente hundido. Aún así, yo estaba casi hecho polvo. A pesar de ello tengo buenos recuerdos de este periodo. Fue más como una gran aventura y la disfruté durante mucho tiempo, hasta que ya no era posible. Después llegué a ser espiritual. Tenía más o menos 22 años entonces.

P: ¿Se podría decir que la espiritualidad sustituyó esa forma de vida de algún modo?

R: Sí, en cierto modo, sin duda. Como ya he dicho, yo estaba entonces casi destruido, después de aproximadamente siete años de drogas. Pero en lugar de hacer una terapia, me fui por el camino espiritual; aunque con mucho enfoque terapéutico. Por ejemplo, durante bastante tiempo hice el Renacimiento (Rebirthing) con mucha intensidad. Allí hay un montón de cosas que te dan una especie de embriaguez.

P: ¿Qué significa la espiritualidad para ti hoy?

R: Es una gran historia. No me sirve para nada. A veces incluso la comparo con mi periodo de drogas. Es atrapar los estados. Hace poco alguien me escribió en un correo electrónico que el yo aparente siempre quiere estar intoxicado. Y así es. En el camino espiritual hay muchos intoxicados. Todos los juegos energéticos, el discurso del amor divino y de ir por el camino, los ángeles y demás, todo es muy sagrado y significativo. Puede ser que te embriagues con esto. Pero como ya he dicho, no hay nada malo en ello. Es unidad.

P: Mucha gente está en un camino espiritual. ¿Qué les aconsejarías?

R: Nada, no les puedo aconsejar nada. No hay nadie y ningún camino espiritual. Sólo lo que aparece, y si aparece 'ir por un camino espiritual', es lo que aparece. Desde este punto de vista, no hay problema, pero soy consciente de que esto no es ningún consuelo para la energía que busca. Tal vez podría expresarlo así: buscar la liberación no la trae sino que la impide. Pero sería otra historia, porque no queda alternativa sino sólo lo que aparece.

P: Entonces, ¿ningún consejo?

R: No, ¡claro que no! Sólo hay unidad. La perfección. Desde el yo aparente no se experimenta así, pero además es imposible hacerlo experimentable.

P: Querido Andreas, ¿hay una salida?

R: ¿Una salida? ¿De dónde? ¿Para qué? Naturalmente no existe manera de salir. Para el yo aparente no hay salida. No hay absolutamente ninguna esperanza, por suerte. No hace falta. Es la belleza. Sólo hay lo que aparece. Es libertad.

P: Gracias por la entrevista.

R: Con mucho gusto.

Un millón de preguntas.
El eco de ninguna respuesta.
¡Sólo ESTO!

Fin

Ahora que has llegado al final del libro quiero subrayar un par de cosas: ¡Olvídalo todo tranquilamente! Todo lo que querías hacer o internalizar en relación al contenido de este libro está condenado al fracaso y no va a producir nada. No te olvides: el fin del ego aparente es unidad absoluta y aún es sólo lo que aparece. ¡No hay yo! La unidad - lo que aparece - no deja huellas, simplemente es. No hay nada que pudiera dejar huellas. Es un fenómeno maravillosamente fino y brillante y no es fijo. Tampoco hay donde dejar huellas. No hay ninguna base primera, no hay instancia, no hay yo. Lo que aparece, aparece absolutamente, y del mismo modo desaparece. No tienes que recordar nada, hacer nada, mantener nada o entrenar nada. Sólo hay ESTO, y todo lo que piensas hacer o evitar te mantiene casi mágicamente en el bucle del ser-yo.

Obvio, ¡sólo aparentemente!

Aunque no hay nadie que tenga otra opción, sí que me gustaría recomendarte nada. Estoy muy contento de que hayas embarcado en la aventura de este libro. Puedes estar seguro de que has entendido mucho, pero de que (otra vez) no has aprendido nada. ¡Y es bonito eso!

Bibliografía

1. Todas las citas han sido traducidas al español por el traductor en base a la traducción inglesa inicial del Ribhu Gita, "The Ribhu Gita, First English Translation from the Original Sanskrit Indian Epic Sivarahasya. Translated by Dr.H. Ramamoorthy, Assisted by Master Nome", publicado por la Society for Abidance in Truth (SAT) en Santa Cruz, California, EEUU, 1994.

2. I am not dead. I have not another life. I am not "just Consciousness." I am not. I cannot be spoken of, nor am I "liberated." I am not "enlightened,"ever. - Ribhu, from the Ribhu Gita 19.36

3. There is no Guru, no disciple, nothing fixed, nothing good or bad, nothing manifold in form, no separate form, no liberation, and no bondage. - Ribhu, from the Ribhu Gita, 22.7

4. Allan Snyder, neuroscientífico del documental del canal Arte "Das automatische Gehirn" (El cerebro automático), del 9 de diciembre 2011 a las 21:45 horas.

5. Cita de la canción 'The End' del álbum 'The Doors' del grupo The Doors, 1967 – "This is the end, my only friend, the end."

6.All being Consciousness alone, all is ever non-existent. Being of the nature of the undivided, all is ever non-existent. - Ribhu, from the Ribhu Gita, 34.24

7."It exists not" exists not, exists not, indeed. Even the words "exists not" exist not. All being Consciousness alone, all, indeed, is ever non-existent. - Ribhu, from the Ribhu Gita, 34.27

Agradecimientos

Muchas gracias por el apoyo a Thorsten Müller, Bernadette Baumgartner, Steffen Gester, Traude Rehse-Scholich, Reto Blaschitz, Maren Roloff, Markus Prummer y Huberto Guinea Egea.

También muchísimas gracias a Nikhila Nadine Reichmann, sin la cual este libro nunca habría sido escrito y publicado.

Desde 2011 Andreas invita a reuniones abiertas que se llaman OnenessTalks. Son discusiones sobre el tema "ser" y "liberación". "La Navidad nunca ha existido - El pequeño libro de la nada, que lo es todo" es su primer libro.

Contacto:

www.thetimelesswonder.com